GUSTAV KLIMT   GUSTAV KLIMT   GUSTAV KLIMT   GUSTAV KLIMT

어린이를 위한

클림트

Klimt

루돌프 헤르푸르트너 지음 | 로렌스 사틴 그림
노성두 옮김

다섯수레

지은이 루돌프 헤르푸르트너

1947년에 독일 보덴제에 위치한 바서부르크에서 태어났습니다.
독어독문학을 전공한 뒤 뮌헨에서 로만어문학과 연극학을 전공했습니다.
지금은 뮌헨에 살면서 어린이를 위한 글을 쓰고 있습니다.

그린이 로렌스 사틴

영국에서 태어났습니다. 지금은 독일과 프랑스를 오가며,
많은 어린이 책에 귀엽고 사랑스러운 그림을 그리고 있습니다.

옮긴이 노성두

한국외국어대학교 독일어과를 졸업했습니다. 독일 쾰른대학교에서 서양미술사와 고전고고학을,
이탈리아에서 이탈리아 어문학을 전공한 뒤 박사 학위를 받았습니다. 쓴 책으로는 《유혹하는 모나리자》, 《보티첼리가 만난 호메로스》,
《천국을 훔친 화가들》, 《그리스 미술 이야기》 등이 있고, 《어린이를 위한 반 고흐》 외에 여러 권을 우리말로 옮겼습니다.

어린이를 위한 클림트

처음 펴낸 날 | 2009년 5월 5일
두 번째 펴낸 날 | 2011년 1월 15일
지은이 | 루돌프 헤르푸르트너　그린이 | 로렌스 사틴　옮긴이 | 노성두
펴낸이 | 김태진　펴낸곳 | 다섯수레
등록번호 | 제3-213호　등록일자 | 1988년 10월 13일
주소 | 경기도 파주시 교하읍 문발리 파주출판도시 500-12 (우 413-832)
전화 | (02) 3142-6611(서울 사무소)　팩스 | (02) 3142-6615
홈페이지 | www.daseossure.co.kr

디자인 | 김상보
제판·인쇄 | (주)로얄프로세스

ⓒ 다섯수레, 2009

ISBN 978-89-7478-331-0　74650
ISBN 978-89-7478-332-7 (세트)

이 도서의 국립중앙도서관 출판시도서목록(CIP)은 e-CIP 홈페이지
(http://www.nl.go.kr/ecip)에서 이용하실 수 있습니다. (CIP제어번호:CIP 2009001352)

Klimt für Kinder
by Rudolf Herfurtner(Text)/Laurence Sartin(Illustrations)

All rights reserved by the proprietor throughout the world
in the case of brief quotations embodied in critical articles or reviews.
Korean Translation Copyright ⓒ 2009 by Daseossure Publishing Co., Seoul.
Copyright ⓒ 2008 by Verlag Carl Ueberreuter Gesellschaft M.B.H., Vienna(Austria).
This Korean edition was published by arrangement with
Verlag Carl Ueberreuter Gesellschaft M.B.H. through Bestun Korea Literary Agency Co, Seoul.

이 책의 한국어판 저작권은 베스툰 코리아 출판 에이전시를 통해
저작권자와의 독점 계약으로 도서출판 다섯수레에 있습니다.
저작권법에 의해 한국 내에서 보호를 받는 저작물이므로 무단 전재와 무단 복제를 금합니다.

어린이를 위한 클림트

차례

옮긴이의 말 **4**

프리데리케 마리아 베어 **8**

에밀리에 플뢰게 **10**

비 온 뒤 **12**

닭이 있는 과수원 길 **13**

목가적 풍경 **14**

베토벤 프리즈 **16**

자작나무 숲 **20**

키 큰 포플러 나무 2 **21**

개양귀비 밭 **22**

운터라흐의 교회 **23**

늪 **24**

아델레 블로흐 바우어 1 **25**

입맞춤 **26**

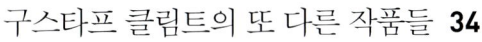

스토클레 프리즈 **28**

희망 2 **32**

구스타프 클림트의 또 다른 작품들 **34**

구스타프 클림트의 생애 **39**

옮긴이의 말

세기말 빈에 새로운 예술의 숨결을 불어넣다

구스타프 클림트는 오스트리아의 빈에서 태어난 화가입니다. 지금으로부터 100년 전, 오스트리아 빈은 유럽에서 네 번째로 큰 도시였습니다. 합스부르크 왕가의 오랜 전통에 익숙한 빈의 귀족 문화는 예술에서도 무척 보수적이었습니다. 고전주의 양식을 따르는 정갈하고 아름다운 그림이나, 고대 조각 작품을 떠올리게 하는 미끈하고 흠잡을 데 없는 조형이 진정한 예술이라고 생각했지요. 이렇게 진지하고 엄격한 분위기는 새로운 시대를 위한 새로운 미술을 창조하려는 젊은 예술가들에게 마치 몸에 맞지 않는 옷을 걸친 것처럼 불편했습니다.

진보적인 생각을 품은 젊은 예술가들은 전통으로부터의 분리, 상업적 목적으로 제작되는 기성 예술로부터의 자유를 외치면서 순수한 예술운동을 펼칩니다. 이것이 1897년 결성된 빈 분리파 운동이고, 그 한가운데 구스타프 클림트가 서 있었습니다. 빈 분리파 화가들은 주문자의 눈치를 보기에 바쁜 상업주의 예술가들을 고깝게 보았습니다. 그런 행동은 예술가 스스로 예술 창조의 권리를 포기한 것이나 마찬가지였으니까요. 새로운 세기가 동터오는 중요한 시기에, 수백, 수천 년 전의 예술에 매달리는 것은 쓸모없는 행동으로 비쳤습니다. 빈 분리파의 젊은 예술가들은 "모든 시대는 그 시대만의 예술을 가져야 한다." "예술에게 예술의 자유를 돌려주어야 한다."고 주장하면서 새로운 예술의 길을 찾으려 노력했습니다.

많은 사람들은 빈 분리파의 주장에 찬성하면서 새로운 미술의 흐름을 환영했습니다. 그러나 이들을 반대하는 보수적인 분위기도 강경했습니다. 클림트가 심혈을 기울여 완성한 〈베토벤 프리즈〉는 많은 사람들이 찬사를 보내고 열광했지만, 그려진 인물의 노출이 심하고 사회의 정서를 거스른다는 비난을 받고 철거되는 운명이 되었습니다. 클림트는 새로운 시도를 용납하지 않는

▲ 클림트는 그림을 그릴 때면 언제나 푸른색 긴 통옷을 입었습니다. 영혼의 동반자인 에밀리에 플뢰게가 디자인한 것으로 알려진 이 작업복은, 후대 사람들이 클림트를 떠올리는 하나의 상징이 되었습니다.

상류사회의 폐쇄성에 크게 실망하고 맙니다. 검열과 제재가 예술을 숨 막히게 하는 상황을 단지 바라보고 있어야 한다는 것은 결코 유쾌한 경험이 아니었습니다. 〈베토벤 프리즈〉 철거 사건으로 예술가의 자존심에 큰 상처를 입은 클림트는 다시는 공공미술에 손대지 않겠다고 굳게 결심합니다. 그러나 그림을 구입할 주문자 없이 화가가 살아갈 수는 없습니다. 때마침 빈의 몇몇 가문이 클림트를 후원하겠다는 의사를 밝힙니다. 클림트는 이따금 상류층 귀부인들의 초상을 그리면서 힘든 생활을 꾸려 나갔습니다. 그러나 천재의 재능은 호주머니의 송곳처럼 금방 드러나게 마련입니다. 입소문을 타고 차츰 주문이 밀려들더니, 마침내 클림트는 빈에서는 따를 사람이 없는 초상화의 거장으로 이름을 떨칩니다.

    클림트는 성서나 신화에 나오는 웅장한 주제에 큰 관심을 두지 않았습니다. 비잔틴 모자이크와 오리엔트 장식미술을 깊이 연구하면서 인간의 내면을 드러내는 상징적 소재들을 발견하고 독창적인 조형 소재로 사용하기 시작합니다. 금세공사의 아들로 태어난 클림트에게는 지극히 정교하면서 세련된 표현 능력이 이미 핏줄에 흐르고 있었습니다.

    클림트가 그린 초상화는 상식을 뛰어넘는 것들이었습니다. 그의 평면적이고 장식적인 재현 기법은 초상화의 주인공이 내보이거나 감추고 싶어 하는 내면의 이중적인 측면을 두드러지게 보여 줍니다. 도도하면서 무관심한 표정, 간절하면서 초점을 잃은 눈빛, 우아하고 기품 있는 자세와 전혀 어울리지 않는 복잡한 문양의 의복들은 클림트가 그린 초상들의 특징입니다. 그가 그린 귀부인의 초상화들은 마치 휘황한 황금으로 빚은 거대한 새장 안에 영원히 박제된 듯합니다. 이 초상화들은 하나같이 전형적인 빈의 상류층에서 볼 수 있는 정숙과 관능, 순결과 도발, 허울과 내실 사이를 저울질하는 불안한 양면성을 있는 그대로 드러내 보입니다. 미술의 역사에서 귀족의 초상이 이처럼 공허한 광채를 발한 적은 일찍이 없었습니다.

    클림트는 여성 모델을 많이 그린 것으로 잘 알려져 있습니다. 그의 아틀리에에는 초상화 모델들 이외에도 물의 요정이나 아테나 여신 또는 살로메나 유디트처럼 성서와 신화의 주인공이 되기 위해 찾아오는 젊은 여성 모델들의 발길이 끊이지 않았습니다. 세기말의 빈은 여성에게 천사와 악마의 두 얼굴을 요구했습니다. 한편에는 생명을 잉태하고, 출산하고, 양육하고, 끝없는 사

랑으로 거두는 지극히 고귀한 여성이 있는가 하면, 다른 한편에는 남성을 유혹하고, 저주의 구렁텅이에 빠뜨리고, 비극의 운명으로 이끄는 치명적인 여성이 있습니다. 클림트는 천진한 소녀가 향기로운 여성으로 변신해서 관능적인 유혹의 향기를 뿜어내다가 결국 무참히 시들고야 마는 삶의 과정을 여러 차례 그림으로 그렸습니다. 이처럼 인간의 삶을 세 단계로 표현하는가 하면, 삶과 죽음을 대척점에 놓고 저울질하는 철학적인 그림을 그리기도 했습니다. 죽음은 은밀하게 또는 노골적으로 삶을 조롱합니다. 삶은 죽음 앞에서 무력하지만, 희망을 놓치지 않습니다. 클림트는 아기를 잉태한 젊은 임신부를 모델로 그린 그림에 '희망'이라는 제목을 붙여 두곤 했습니다. 희망은 아직 우리 눈에 보이지 않지만, 우리는 주인공의 불룩한 뱃속에서 새로운 생명이 꿈틀거리는 것을 얼마든지 예감할 수 있습니다.

    클림트는 빈을 사랑했고, 빈의 벨베데레 궁정이나 운하가 흐르는 가로수 길 그리고 널찍한 공원들을 따라 산책하는 것을 무척 좋아했습니다. 자작나무와 백양나무 숲은 빈의 명물이기도 하지요. 또 빈에서 그리 멀지 않은 전원을 거닐면서 눈에 익은 풍경들을 그림으로 남기기도 했습니다. 클림트의 풍경화는 밑그림 없이 바로 채색했다는 점에서 인상파 화가들의 기법과 비슷합니다. 그러나 인상파 화가들이 풍경을 그릴 때 빛의 순간적인 인상을 이성적

◀ 아터 호수 근처의 선창에서 망원경으로 풍경을 감상하는 클림트. 클림트는 먼 거리에 있는 풍경을 망원경으로 관찰한 뒤, 밑그림 없이 풍경화를 그렸습니다.

으로 생각하는 과정 없이 즉시 포착하고 수용했다면, 클림트는 겉으로 보이는 풍경보다는 내면의 진실에 집중하려고 애썼습니다. 클림트는 네모난 나무틀을 가지고 다니면서 풍경에 카메라를 갖다 대는 것처럼 앵글을 잘라서 구성을 만들었다고 합니다. 자연을 다치지 않고, 자연의 일부를 빌려 오는 방식이었지요. 풍경화를 그리는 클림트의 붓질을 가까이 들여다보면 지극히 정교한 모자이크 조각을 붙여 놓은 것처럼 꽉 찬 듯한 느낌을 줍니다. 그래서 그런지 클림트의 풍경화는 라벤나(서로마 제국의 수도로서 비잔틴풍의 모자이크 장식이 많이 남아 있는 도시)의 황금 모자이크처럼 시간과 공간이 멈추어 있는 영원의 순간을 표현하고 있는 것처럼 보입니다.

▲ 클림트가 그림을 그리던 아틀리에. 클림트가 떠난 뒤 완성되지 못한 그림 몇 점만이 쓸쓸히 아틀리에를 지키고 있습니다.

클림트의 가장 유명한 작품은 〈입맞춤〉입니다. 남성과 여성이 서로 만나서 살갑게 사랑을 나누는 장면을 그린 그림입니다. 이 그림에서 남성은 남성답게, 여성은 여성답게 자신의 감정을 표현합니다. 그림의 달콤한 색채와 아름다운 구성이 우리를 유혹합니다. 그리고 클림트가 추구했던 자유로운 예술의 이념은 새로운 시대의 예술에게 거부할 수 없는 유혹이 되었습니다.

2009년 5월 노성두

프리데리케 마리아 베어

난 고양이야. 아침에 우리 집에서 가장 먼저 일어나지. 클림트 아저씨는 아침마다 내 밥그릇에 크림수프를 부어 주시곤 해. 클림트 아저씨는 화가야. 그림을 그리는 사람이지. 이곳은 오스트리아의 수도 빈이야. 빈에 있는 클림트 아저씨의 화실에 오늘 손님이 오셨어. 아름답고 우아한 여자 손님은 오늘부터 초상화 모델을 설 거야. 하루 몇 시간씩 몇 주 동안 꼼짝 않고 앉아 있어야 해.

초상화 모델을 서는 프리데리케 마리아 베어는 빈에서도 유명한 귀부인이야. 빈에서 이름난 자수공방에서 제작한 값진 옷을 입고 왔어. 스컹크 가죽으로 만든 모피 옷이야. 스컹크 털은 얼마나 부드러운지 옷을 입는 순간 몸이 녹아내리는 것 같다고 하지. 클림트 아저씨는 부드러운 털의 촉감을 나타내려고 엄청 애를 쓰셨어. 실제로는 눈처럼 하얀색인데, 그림에서는 잿빛이 조금 보이는군.

클림트 아저씨는 프리데리케 마리아 베어에게 부탁해서 옷을 뒤집어 입으라고 하셨어. 밋밋한 털보다 알록달록한 안감이 더 마음에 들었나 봐. 프리데리케 마리아 베어는 화가가 시키는 대로 따를 수밖에. 이틀에 한 번씩 와서 세 시간씩 모델을 서려면 화가가 하는 말을 잘 들어야지 어쩌겠어.

작업실에서 두툼한 털옷을, 그것도 뒤집어서 입고 있으려면 등에 땀이 줄줄 흐를 거야. 아니나 다를까, 마리아 베어의 뺨이 벌겋게 달아올랐어. 알록달록한 옷 색깔과 바닥에 깔린 얼룩덜룩한 양탄자 무늬가 썩 잘 어울리지 뭐야. 양탄자에는 동양의 씩씩한 무사들이 보이는군.

클림트 아저씨는 동양 문물이라면 사족을 못 쓰지. 온갖 잡동사니를 꽤나 모았을 거야. 일본 복식, 중국산 동양화 그리고 일본 사무라이 갑옷까지 모았으니, 말 다했지. 이곳 빈에서는 1873년에 만국박람회가 개최되었어. 일본풍이 예술가들 사이에 번지기 시작한 것도 그 무렵일 거야. 그렇지만 나는 일본 유행 따위에는 별로 관심 없어. 따뜻한 오후 햇살과 크림수프만 있으면 얼마든지 행복하니까.

만국박람회 | 세계 여러 나라의 새로운 과학 문명, 기술 들을 전시하기 위한 목적으로 시작되었습니다. 1851년에 영국 런던에서 처음으로 시작하여 유럽의 여러 도시들을 돌며 진행되었는데, 세계 각국의 문화를 소개하고 서로의 문화에 대한 호기심과 이해의 폭을 넓힌 행사로 평가받으며 지금까지 계속되고 있습니다.

프리데리케 마리아 베어
1916년, 미츠네 블루멘탈 컬렉션, 텔아비브

에밀리에 플뢰게

사람들은 이렇게 수군대지. 클림트 아저씨는 여자들만 좋아한다고. 틀린 말은 아니야. 여자 모델을 무척이나 많이 그렸으니까. 그래도 클림트 아저씨의 삶에서 가장 중요한 건 아무래도 예술이겠지? 그리고 내 생각엔 고양이도 무척 중요하게 생각하시는 것 같아. 여자들? 여자들은 왔다가 가 버리곤 하잖아. 그렇지만 우리 고양이들은 언제까지고 아틀리에에 머물러 있지. 심지어 작품 위에 올라가서 뒹굴고 장난을 쳐도 전혀 나무라지 않으신다니까. 그런데 작업실 고양이들 가운데 누가 가장 사랑을 많이 받고 있냐고? 당연한 이야기는 꺼내지도 마.

클림트 아저씨는 아직 총각이야. 결혼을 안 했으니 독신인 셈이지. 그래서 엄마랑 누이들과 한집에 살고 있어. 물론 저녁 식사도 늘 함께 하지. 그런데 아침은 꼭 밖에서 드셔. 빈의 쉰브룬 공원에 있는 티볼리 찻집에서 카스텔라를 곁들여 커피를 마신단다. 크림수프를 두 개 주문해서 하나는 나한테 주는 것도 잊지 않으셔. 어때? 여자들도 못 얻어먹는 크림수프를 나는 매일 먹는다는 말씀!

클림트 아저씨와 가장 가까운 여자 모델은 에밀리에 플뢰게야. 꼬마 때부터 두 사람은 서로 친구였다고 해. 이 그림은 작업실 앞뜰에 나와서 그린 거야. 에밀리에 플뢰게는 몸에 꼭 끼는 약간 고풍스러운 옷차림이네. 그렇지만 한 손을 허리에 얹고 있는 모습이 무척이나 당당해 보여. 성격이 만만치 않겠어.

에밀리에 플뢰게는 언니들과 함께 빈에서 의상실을 운영하고 있어. 여성들을 답답하게 옥죄는 전통적인 의상 대신에 사회생활에 알맞은 활동형 옷을 만들어서 판다고 해. 에밀리에 플뢰게가 런던이나 파리에서 사 온 옷감을 클림트 아저씨가 디자인하면 파도 무늬, 조개 무늬, 나선형 무늬, 금색 사각형 무늬가 들어간 멋진 옷이 되곤 하지. 클림트 아저씨와 에밀리에 플뢰게는 사업도 같이 하지만 해마다 아터 호수로 피서를 가는 단짝 친구이기도 해.

에밀리에 플뢰게의 초상

1902년, 빈 미술관, 빈

비 온 뒤 1898년, 오스트리아 벨베데레 갤러리, 빈

클림트 아저씨가 여자 초상화에 매달릴 때면 산책을 갈 시간이 없어. 나 같은 고양이는 바깥나들이가 큰 즐거움인데 말이야. 차라리 고양이를 모델로 초상화를 그리면 어떨까 싶어. 근데 나 같은 건 양탄자 얼룩 취급이지 뭐야. 수염도 없었으면 얼마나 초라할까? 고양이 신세가 뒤웅박 신세 되는 건 시간문제더군.

그렇다고 클림트 아저씨가 동물 그림을 아주 안 그리는 건 아니야. 〈축사의 암소들〉(1899년), 〈황소 마르틴〉(1900~01년)을 비롯해서 수탉을 그린 적도 있어. 〈닭이 있는 과수원 길〉(1916년)은 가장 최근에 완성했지.

〈비 온 뒤〉(닭이 있는 성 아가다 정원)도 꽤 괜찮은 그림이야. 비가 추적추적 내리던 어느 날이었어. 클림트 아저씨는 비 내리는 과수원을 멍하니 바라보고 있었지. 나는 다리에 물기가 묻는 게 싫어서 얌전을 떨며 앉아 있던 참이었어. 눅눅한 풍경이었어. 색채까지 묵직해 보이더라니까. 그런데 갑자기 하늘이 개면서 햇살이 빼죽 얼굴을 내밀자, 닭들이 닭장을 박차고 과수원 길로 뛰쳐나가는 거야. 지렁이 잡아먹기 시합을 하려던 거겠지. 클림트 아저씨는 그 광경이 재미났던지 얼른 붓을 집어 들었어. 초록색 풀밭 위로 뛰노는 닭들이 꼭 목화송이처럼 보이는군.

닭이 있는 과수원 길 1916년, 1945년 임멘도르프 성에서 화재로 소실

이 그림은 분위기가 전혀 달라. 꽃밭 길에 닭 두 마리가 기웃거리는데, 꽃송이는 죄다 검정색 윤곽선을 두르고 있어서 무척 단단해 보여. 닭들이 벌레로 배를 채우긴 글렀군, 그래.

이 그림을 감상하는 또 다른 방법이 있어. 가위를 가지고 종이에 네모난 창문을 오리는 거야. 그리고 이 그림의 꽃밭에 종이 창틀을 대고 움직이면서 감상하는 거지. 꽃밭이 아마 커튼 무늬처럼 보일 거야. 클림트 아저씨가 즐겨 그리는 여자 모델의 옷감으로 보일지도 몰라. 그러니 마당을 나온 닭들이 이런 곳에서 편안하게 벌레를 잡을 마음이 들겠냐고, 안 그래?

목가적 풍경 1884년, 빈 박물관, 빈

성공이라면 성공이지. 클림트 아저씨도 말하자면 개천에서 용이 난 셈이야. 가난뱅이 화가였다면 빈의 유명 인사들과 공원에서 큰 쇠구슬을 굴리는 구주희 놀이나 펜싱을 하면서 어울리는 걸 언감생심 꿈이나 꿀 수 있겠어?

클림트 아저씨도 처음부터 유명세를 탔던 건 아니었어. 빈 외곽의 작은 마을에서 태어났는데, 아빠는 주화에 그림을 새기는 조각가였다고 해. 넉넉한 형편이 아니었지만, 클림트 아저씨는 열심히 공부했대. 그래서 공예학교에서 일찌감치 두각을 나타냈어.

공예학교에서는 소묘 실습, 문양 베끼기와 더불어 원근법, 정물화 같은 다양한 과목을 가르쳤지. 공예학교를 졸업하고 나면 빈의 부자들이 지은 새 집의 내부를 장식하는 일감을 맡을 수 있었어. 클림트 아저씨도 공예학교 친구인 프란츠 마취와 동생 에른스트의 도움을 받아 새로 지은 부르크 극장의 계단실을 장식하는 일감을 맡았지.

부르크 극장을 철거하기에 앞서 클림트 아저씨에게 객석 배경을 그리라는 주문이 떨어진 거야. 사진처럼 정확하게 그려 달라는 부탁이었어. 빈의 유명 인사들은 유서 깊은 부르크 극장의 객석 장식에 자기 얼굴이 꼭 들어가야 한다며 모델을 서기 위해 클림트 아저씨의 아틀리에 앞에 줄을 섰지. 기다리는 줄이 얼마나 길었던지 몇 달 동안이나 줄어들지 않

앉어. 클림트 아저씨의 작업을 본 프란츠 요제프 황제는 크게 기뻐하며 금화 400두카텐과 상을 내리셨단다. 그다음부터 클림트 아저씨는 완전히 뜬 거야.

클림트 아저씨는 출판사의 부탁을 받고 〈우화〉(1883년)를 그리기도 했어. 사자와 생쥐, 두루미와 개구리 같은 동물들이 등장해서 대화를 나누고 줄거리를 엮어 나가는 그림인데, 《이솝우화》에서처럼 화가 난 여우가 어쩔 줄 모르는 장면도 있어.

이 그림은 〈목가적 풍경〉이야. '목가적 풍경'이란 정겨운 시골 풍경, 아무런 근심걱정이 없는 순수한 장소를 그린 풍경이라는 뜻이야. 가장자리에 앉아 있는 두 남자는 목동들이야. 시골에서 양을 치는 목동 말이야. 네모난 그림 한복판에 동그란 그림이 하나 더 들어가 있는데, 거기에는 금발 처녀가 어린아이들에게 새 둥지를 보여 주는 장면이 그려져 있어. 꼭 둥근 창문을 통해서 들여다보는 기분이 드는군. 전원 풍경은 사람이 병이 들거나 늙지 않는 낙원을 뜻하기도 해. 물론 추위도 없어서 사철 따뜻한 곳이지. 아마 그래서 다들 옷을 입지 않은 것 같아. 내 생각에 젊은 남자들은 천사가 아닐까 싶어. 몸에 두른 하얀 천이 날개라고 한다면 말이야.

그러고 보니 새 둥지 속의 알은 무슨 맛일까 궁금하네. 크림수프 맛이라면 금상첨화겠지. 이 그림은 무엇보다 액자가 마음에 들어. 액자 속에 귀여운 새들이 잔뜩 앉아 있잖아?

베토벤 프리즈 1902년, 오스트리아 벨베데레 갤러리, 빈

클림트 아저씨는 어느덧 서른다섯 살이 되었어. 적지 않은 나이야. 그동안 부자들이 좋아하는 역사화는 지긋지긋할 만큼 그렸어. 뭔가 다른 작업을 시작할 시기가 온 거지. 클림트 아저씨는 1897년에 빈의 분리파를 결성했어. 진보적인 성향을 가진 친구들이 큰 도움이 되었지. 분리파는 낡은 예술적 전통으로부터 분리를 선언했어. 한 세기가 지나가고 새로운 시대가 밝아 오는 마당에 예술도 새 옷을 갈아입어야 하지 않겠어?

빈의 분리파 예술가들은 성전을 지었어. 예술의 성전이었지. 성전에는 앞뒤 할 것 없이 흰색을 칠하고 둥근 지붕을 올려서 금을 입혔지. 얼마나 눈부신지 눈이 따가울 정도라니까. 분리파의 성전이 처음 문을 여는 날 황제 폐하께서 직접 참석하셨어. 클림트 아저씨는 빈 분리파의 초대 회장이 되었어.

빈 분리파 전시회 가운데 1902년에 열린 제14회 전시가 가장 성황이었어. 독일 조각가 막스 클링어가 오랫동안 매달렸던 베토벤 부조를 완성해서 선보였지. 악성이라고 불리는 천재 음악가 베토벤이 앉아 있는 모습인데 대리석, 황금, 상아, 청동, 설화석고 등 온갖 진귀한 재료를 사용해서 만든 근사한 조각품이었어. 막스 클링어의 작품을 본 빈 분리파 예술가들은 모두 깊은 감동을 받았지. 예술이 삶을 고양하고 구원할 수 있다는 사실을 깨달은 거야. 예술이 삶을 바꾸고, 세상을 더 나은 방향으로 이끌 수 있다는 믿음은 곧 빈 분리파의 확신이 되었어.

클림트 아저씨가 그린 〈베토벤 프리즈〉를 보면 예술이 삶을 구원한다는 의미를 알 수 있을 것 같아. 프리즈는 천장 아래 벽의 윗부분을 마감하는 장식을 가리키는 말이야. 기다란 띠 모양으로 부조를 새기거나 그림을 그려서 장식을 하곤 하지. 때로는 단순한 장식을 넘어서 흥미로운 줄거리를 담는 경우도 있어. 클림트 아저씨가 그린 프리즈는 폭이 2.15미터에 길이가 장장 34.14미터나 되는 대작이야. 벽에 석회로 바닥을 고르고 금, 은, 진주, 청금석 같은 진귀한 보석에다 반짝이는 유리 조각과 단추까지 사용해서 완성한 그림이라니, 정말 대단하지 뭐야.

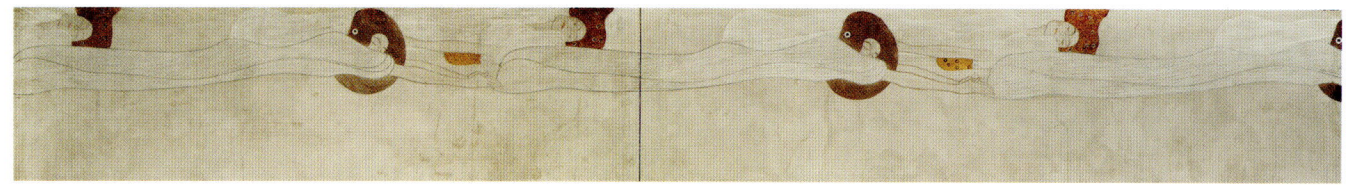

행복은 어디에 있을까?

〈베토벤 프리즈〉의 첫 부분이야. 헤엄을 치는 걸까? 벌거벗은 여자들이 어디론가 날아가고 있어. 눈을 감고 있는 여자들은 꿈을 꾸는 중이야. 어디엔가 있을 행복을 찾아서 멀리 날아가는 여자들의 모습이 마치 출렁이는 파도처럼 보이는군. 행복에 대한 갈망과 기원은 어디까지 날아가는 걸까?

약한 자의 고통과 강한 자의 무장

약한 자들은 왼쪽에서 팔을 내밀거나 손을 모으고 있어. 무릎을 꿇기도 해. 아무것도 가진 것이 없는, 입을 옷조차 갖지 못한 약한 자들의 모습이야. 약한 자들은 강한 자에게 도움을 청하고 있어. 강한 자는 황금 갑옷을 입은 기사의 모습이야. 강한 자의 머리 위에 보이는 두 여자는 동정심과 자부심이라는 이름을 가지고 있어. 동정심은 약한 자에게 도움을 베풀고, 자부심은 기사에게 영광스러운 월계관을 선물한다는 뜻이야. 어때, 고양이의 해설이 제법이지?

괴물 티폰

기사에게는 중요한 임무가 있어. 황금 갑옷과 큰 칼은 결코 장식물이 아니야. 기사는 티폰이라는 엄청난 괴물을 물리쳐야 하거든. 티폰은 시커먼 고릴라 형상을 하고 부리부리한 두 눈을 가지고 있어. 두 개의 뱀 꼬리 그리고 날개까지 달려 있군. 게다가 티폰은 혼자가 아니야. 뱀 머리카락을 한 고르곤은 티폰의 세 딸이지. 또 병마, 광기, 죽음까지 얼굴을 내밀고 있으니, 황금 갑옷을 입은 기사는 오늘 무척 힘든 하루가 될 거야.

시가 주는 행복

괴물이 아무리 훼방을 놓더라도 행복을 포기할 수는 없어. 행복에 대한 갈망과 기원은 시를 만나면서 위로를 얻게 되지. 아름다운 모습의 여류 시인이 현금의 줄을 뜯으면서 시를 노래하고 있어. 현금은 고대 그리스의 키타라라고 하는 현악기지. 눈을 감은 채 시를 듣는 여자들의 표정도 무척 밝고 편안해 보여.

환희여, 아름다운 신들의 찬란함이여

프리즈를 따라갈수록 점점 밝고 눈부신 빛이 뿜어 나오기 시작해. 황금빛이 공간을 지배하는 가운데 드디어 우리는 천국에 발을 들여놓았어. 천사들의 합창이 우리를 반갑게 맞이하고, 그림 오른쪽에 서 있는 남자와 여자는 사랑스럽게 포옹하고 입을 맞추며 행복의 결실을 보여 주지. 천사들은 지금 베토벤의 유명한 교향곡 제9번 4악장 〈합창〉에 나오는 '환희여, 아름다운 신들의 찬란함이여, 온 세상이여, 입맞춤을 받으라'를 부르는 중이야. 시와 노래 그리고 사랑이 가득한 아름다운 그림에는 어둠과 불행이 끼어들 자리가 없지.

자작나무 숲 1903년, 오스트리아 벨베데레 갤러리, 빈

아이, 따분해. 늘어지게 기지개를 펴고 나니 잠이 싹 달아난걸. 이럴 때 고소한 크림수프를 핥으면 임금님이 부럽지 않을 텐데. 그나저나 클림트 아저씨는 어딜 간 거야? 보나마나 마리아힐퍼 거리의 의상실에 갔겠지. 에밀리에 플뢰게를 만나러 말이야. 하긴 여름휴가를 갈 날이 멀지 않았군. 아터 호수의 잔잔한 물결과 싱그러운 바람은 그야말로 일품이지. 흰옷을 입은 아름다운 여자들이 호숫가를 산책하는 모습이 눈앞에 보이는 것 같아. 정치 이야기, 예술 이야기로 밤을 지새우는 빈에서 탈출할 수 있다면 어디라도 상관없겠지. 클림트 아저씨도 아터 호수를 무던히 좋아하시지. 아저씨가 쓴 글을 읽어 볼까?

"호숫가에서는 아침 여섯 시에 잠이 깬다. 날씨가 맑은 날이면 그림 도구를 챙겨서 자작나무 숲으로 간다. 여덟 시까지 그림을 그리고 아침 식사를 한다. 호수에서 수영을 조금 하고 다시 붓을 든다. 갠 날에는 바다 풍경을 그리고, 흐린 날에는 창문 밖으로 보이는 숲을 그린다. 점심 식사를 하고 나서는 잠시 낮잠을 즐긴다. 가끔씩 일본 책을 들여다보기도 한다."

자작나무 숲을 그린 이 그림도 잘 보면 일본 풍의 느낌이 날 거야. 나무등치와 뿌리 그리고 낙엽들이 마치 양탄자 문양처럼 평면적으로 구성되어 있어. 아침 햇살을 받고 하얗게 빛나는 자작나무의 늘씬한 모습은 일본의 풍경 판화에서처럼 밋밋한 장식으로 보이지.

클림트 아저씨가 그린 풍경화는 대도시 빈의 일상과는 전혀 딴판이야. 지저분한 뒷골목이나 바글대는 인파는 고사하고, 그림 속에 사람이라곤 한 명도 등장하지 않지. 정원, 숲, 꽃밭, 구릉 그리고 구름이 전부야. 사람을 그리지 않은 건, 아마도 사람의 발길이 풍경의 순수함을 해칠지 모른다고 생각하셨기 때문일 거야. 물론 내 짐작이지. 이런 고즈넉한 풍경에는 얌전한 고양이 한 마리쯤 있어도 좋을 것 같아. 하지만 클림트 아저씨는 고양이가 있는 풍경화는 한 번도 그리지 않았어. 나, 정말 삐쳤어.

키 큰 포플러 나무 2(몰려오는 비구름)

1903년, 레오폴드 미술관, 빈

풍경화가 항상 평화롭기만 한 건 아니야. 이 그림에서 포플러 바람막이숲 뒤로 시커먼 구름이 치솟는 걸 보면 꽤 음산한 풍경이지. 텅 빈 들은 아직 고요한데, 먹장구름이 미친 듯한 기세로 몰려오고 있어. 당장이라도 우르릉 쿵쾅 호령하면서 한바탕 빗줄기를 뿌릴 심산인가 봐. 파란색, 흰색, 보라색, 연두색, 노란색이 그림 속에서 서로 밀고 당기면서 다투는 것 같아. 하늘까지 닿은 포플러 나무는 마치 수천수만 개의 등불이 깜빡이는 것처럼 보여. 클림트 아저씨는 포플러 나무를 그리면서 이런 글을 썼어.

"낮잠을 자고 나서 또 수영을 했다. 그리고 간식을 먹고 나서 다시 그림을 그렸다. 포플러 나무를 그렸다. 배경에 무시무시한 구름이 몰려오는 그림이다."

그날 클림트 아저씨는 그림을 다 그린 다음에 구주희 놀이를 하고 저녁 식사를 했어.

개양귀비 밭 1907년, 오스트리아 벨베데레 갤러리, 빈

앞에서 닭들이 뛰노는 꽃밭을 설명하면서 그림 관찰 도구로 종이 창틀을 이용해 그림을 감상해 보라고 했지? 클림트 아저씨도 비슷한 도구를 가지고 있어. 상아로 만든 고급 제품이지. 풍경을 관찰할 때면 상아로 만든 정사각형 모양의 창틀 도구를 꺼내 들고 적절한 구도를 찾곤 하지. 그래서 그런지 클림트 아저씨의 풍경화는 대부분 가로 세로가 똑같은 정사각형이야.

클림트 아저씨는 순수한 색채를 좋아하셔. 그래서 그림이 환하게 빛나지. 개양귀비는 아기 손바닥만 한 빨간 꽃이 펴. 햇살을 듬뿍 받은 개양귀비들이 태양을 향해서 앙증맞은 손바닥으로 박수를 치는 것 같아. 햇살도 빨간 꽃에 갈채를 보내는 것 같군. 저 멀리 지평선은 그림 꼭대기에 가서 붙었어. 클림트 아저씨의 그림에서는 지평선이 아주 없을 때도 있지.

풍경화라고는 하지만 빨강, 초록, 노랑, 파랑, 하양의 색채들이 불꽃놀이를 하는 것처럼 그림 속에서 빛나고 있어. 이런 그림을 걸어 두면 화려한 벽걸이 양탄자와 뭐가 다르겠어. 부유한 고객들은 그래서 클림트 아저씨의 그림을 벽에 걸기 좋아해. 어떤 고객들은 클림트 아저씨가 그림을 끝낼 생각을 안 하니까 완성도 되지 않은 그림을 마차에 실어가기도 한단다.

빨간색 개양귀비 꽃 사이로 파란 데이지 꽃이 점점이 숨어 있는 게 보이지? 잘 살펴보면 큰곰자리 별자리를 닮았어. 클림트 아저씨는 이 그림을 그리면서 아터 호수의 밤하늘에 총총 뜬 별을 상상했을지도 몰라. 지상에 내려온 밤하늘의 풍경인 셈이야.

클림트 아저씨가 유명세를 타고 위대한 화가로 자리매김했다고 해서, 모든 사람으로부터 사랑을 받은 건 아니야. 빈 대학에 그린 그림 때문에 주문자와 오랫동안 다투기도 했고, 어떤 비평가는 〈베토벤 프리즈〉에 나오는 못생긴 고릴라를 두고 "이건 예술이 아니다. 신성한 감각에 도전하는 모독 행위이다."라고 비난을 퍼붓기도 했어.

운터라흐의 교회 1907년, 개인 소장

클림트 아저씨는 아터 호수에 조그마한 나룻배를 띄워 놓고 노를 젓는 걸 무척 좋아하지. 나룻배를 타고 오페라 쌍안경을 통해서 호수 건너편 마을을 살피곤 했어. 별장 테라스에서 망원경으로 멀리 있는 마을 풍경을 관찰하는 습관도 있어. 이렇게 탄생한 그림들은 세부 묘사가 아주 정교하면서도 어쩐지 닿을 수 없는 까마득한 공간에 존재하는 듯한 느낌을 주지.

〈운터라흐의 교회〉도 망원경을 사용해서 그린 그림이야. 풍경 속 소재들이 한결같이 입체감이 없이 평면적이야. 클림트 아저씨는 공간의 배치와 거리의 원근을 따지기보다, 가옥과 지붕들 그리고 숲과 호수를 나란히 자리잡게 하면서 잘 짜인 장식 문양처럼 표현하려고 했던 거야. 호수의 물결만 보아도 알 수 있어. 마치 털실로 짠 양탄자처럼 보이잖아. 클림트 아저씨는 공예학교에서 파도나 물결을 그리는 방법을 배우긴 했지만, 학교에서 배운 것을 되풀이하지 않고 자신만의 독창적인 묘사 방법을 찾아낸 거야.

늪 1900년, 개인 소장

클림트 아저씨가 아터 호수를 처음 찾은 해는 1900년이었어. 누가 화가 아니랄까 봐 그림 도구를 있는 대로 다 싸서 갔었지. 이젤, 캔버스, 물감, 붓, 종이, 목탄까지 챙겼으니, 말 다했지. 클림트 아저씨는 호숫가와 숲 속을 호기심 많은 망아지처럼 뛰어다니면서 그럴 듯한 장소를 찾아내곤 했어.

이 그림은 첫 번째 아터 호수에 갔을 때 그린 그림이야. 갈대가 무성하게 우거진 조용한 늪에서는 물이 찰랑거리고, 아침 햇살이 숲 속 나무들을 부드럽게 쓰다듬고 있었어. 물그림자에 숲이 젖어 있는 것 같군. 이처럼 분위기 있는 그림을 '분위기 풍경화'라고 부르지.

그런데 물속에서 어른거리는 게 뭘까? 숲과 나무 그림자뿐 아니라 모양이 없는 어떤 형상이 살아서 움직이는 것 같아. 살랑거리는 물결이 형태의 윤곽선을 흩어 놓아서 그런 걸까?

세기말의 유겐트슈틸(건축, 조각, 회화의 전통적인 예술 장르뿐 아니라 공예, 가구 등에 이르기까지 장식적인 모티프를 강조한 세기말의 미술 양식) 화가들은 물의 요정들을 즐겨 그리곤 했어. 물의 요정은 긴 머리카락의 어여쁜 소녀들인데, 물속에 숨어 있다가 행인이나 사냥꾼을 유혹하고 위험에 빠뜨리지. 클림트 아저씨도 물의 요정들을 늪 속에 숨겨 두신 건 아닐까?

아델레 블로흐 바우어 1 1907년, 뉴 갤러리, 뉴욕

클림트 아저씨가 아델레 블로흐 바우어를 처음 만난 건 1899년이었어. 〈늪〉을 그리기 한 해 전이었지. 그때 손대기 시작한 초상화는 일곱 해나 걸려서 완성되었어.

초상화 속의 우아하고 창백한 주인공은 황금빛 폭포 뒤에 얼굴만 간신히 내밀고 있어. 고귀한 장식과 섬세하기 이를 데 없는 문양이 온몸을 휩싸고 있어서 아델레 블로흐 바우어의 기품 있는 모습은 마치 손을 대는 순간 쨍그랑 소리를 내면서 깨지고 말 것 같아. 사랑에 빠진 눈빛과 붉은 입술은 클림트 아저씨가 아델레 블로흐 바우어를 얼마나 진심으로 사랑했는지 말해 주고 있어. 이 작품은 클림트 아저씨의 '황금시대'에 탄생한 대표적인 그림이야. 〈베토벤 프리즈〉에서도 비슷한 장면을 본 듯하군.

입맞춤   1907~08년, 오스트리아 벨베데레 갤러리, 빈

클림트 아저씨는 여행을 썩 내켜하지 않으셔. 나도 그래. 귀찮은 건 딱 질색인 고양이라서 그런가 봐. 아터 호수까지는 그럭저럭 괜찮지만 더 멀리 가긴 싫어. 집 떠나면 향수병이 도지는 체질이거든. 그런데 클림트 아저씨는 1903년에 두 차례나 이탈리아로 여행을 가셨어. 이탈리아의 오랜 성당에 있는 중세 시대 모자이크 그림들을 연구하기 위해서였지. 라벤나에 있는 중세 시대 모자이크 그림에는 등장인물 배경에 황금 모자이크가 박혀 있어. 서기 6~7세기에 황금은 영원과 신성 그리고 천상을 의미했지. 이때부터 클림트 아저씨의 그림에서도 배경에 황금색이 나타나기 시작했어. 중세 시대의 그림과 같은 뜻으로 읽어도 좋을 것 같아.

이 그림은 서로 힘껏 끌어안고 입맞춤 하는 남녀가 주인공이야. 꽃밭의 가장자리가 사랑의 무대이고, 배경의 금색은 영원한 하늘을 상징하지. 사랑하는 두 사람을 떼어 놓을 수 있는 건 세상에 아무것도 없어. 두 사람은 완벽한 한몸처럼 녹아 있지. 사각형과 원형 무늬를 빼고는 남자와 여자를 구분할 방법이 없어. 남성적인 각진 사각형은 검정과 하양과 회색으로 이루어진 반면에, 여성적인 원형은 부드럽게 피어나는 꽃송이처럼 다채로운 색으로 이루어져 있지. 세상없이 사랑에 빠진 두 남녀는 세상의 질서나 시간의 흐름도 아랑곳하지 않는 것 같아. 눈부신 황금빛 색채는 종교화를 방불케 하는군.

어떤 사람들은 그림 속 주인공 남녀가 클림트 아저씨와 에밀리에 플뢰게라고 단정하지. 실제로 클림트 아저씨는 똑같은 무늬가 있는 작업복을 즐겨 입곤 했어. 그렇지만 에밀리에 플뢰게는 아무래도 아닌 것 같아. 자부심 강하고 늘 당당한 에밀리에 플뢰게가 무릎을 꿇고 있다는 건, 아무리 그림이라고 해도 안 어울리거든?

모자이크 그림 | 서로 다른 빛깔이 나는 작은 돌조각이나 유리 조각 따위의 재료를 끼워 맞추거나 붙여서 만드는 그림입니다.

스토클레 프리즈 1911년, 공예박물관, 빈

"고양이처럼 배가 고프다."는 독일 속담이 있어. 뱃가죽이 등에 달라붙었다는 뜻이야. 갑자기 출출해지는군. 하필 이럴 때 브뤼셀이 떠오르는 건 뭐람? 클림트 아저씨는 브뤼셀의 스토클레 별장의 식당 벽면을 장식한 일이 있었어. 눈부신 황금 모자이크 그림이었지. 〈입맞춤〉을 작업할 때와 비슷한 시기였어. 부유하기로 이름난 스토클레는 빈의 분리파 전시를 몇 차례 관람하고는 새로운 미술의 매력에 푹 빠졌다고 해. 그래서 빈 분리파 예술가들을 불러서 새로 짓는 별장 건축을 통째로 맡겼지.

클림트 아저씨는 별장의 식당 벽면을 맡게 되었어. 별장의 식당은 바닥면의 폭이 6미터에 길이가 12미터나 되는 널찍한 홀이야. 식당 한복판에 기다란 식탁과 의자 스무 개가 가지런히 놓여 있었지. 바둑판 모양의 타일 바닥 위에 양탄자를 깔았고, 벽면 아랫부분에는 검정색 대리석을 발랐어. 클림트 아저씨는 검정색 대리석 벽면 위쪽 부분에 프리즈를 구상했어. 프리즈의 밑그림은 1905년에 시작했지만, 프리즈가 완성된 건 1911년의 일이지. 오른쪽 그림은 주문자 스토클레에게 보여 주기 위해 그린 밑그림이야.

프리즈는 높이 2미터에 길이 7미터짜리가 양옆으로 두 개야. 그리고 좁은 쪽 벽면에 작은 모자이크가 하나 더 들어가지. 작은 모자이크의 제목은 〈기사〉란다. 별장의 주인인 스토클레가 앉는 자리의 배경이 되었지. 클림트 아저씨로서는 다시없을 엄청난 규모의 작업이었어.

프리즈의 아래에는 원래 황백색 바탕에 초록색 얼룩이 나 있는 대리석이 장식되어 있어. 키 큰 생명의 나무 두 그루로부터 황금 가지가 뻗어 나오고, 장미 덤불에서 백장미와 붉은 장미꽃이 봉긋하게 피어오르지. 한쪽에는 춤추는 무용수가, 다른 쪽에는 서로 껴안고 있는 연인들의 모습이 보이는군. 아무런 근심걱정이 없는 낙원의 풍경을 이렇게 표현한 거야. 앞에서 보았던 목가적 풍경에서 둥근 그림 속의 낙원과 비슷한 주제라고 할 수 있지. 그러나 그때와 비교하면 클림트 아저씨의 기법이 얼마나 달라졌는지 놀랍기만 해. 이전에는 등장인물이 그림의 주인공이었다면, 이제는 꾸불거리는 문양과 화려하고 장식적인 무늬들이 주인공 자리를 차지하고 있지. 클림트 아저씨의 구상을 실현하기 위해서 미술과 공예에 뛰어난 솜씨가 있는 친구들이 힘을 합쳐야 했어. 벽화라고 하기에는 재료가 너무나 다양했거든. 금, 은, 구리, 철판, 도기 타일, 에나멜, 산호 그리고 보석까지 재료로 들어갔으니까 말이야.

벽화를 바라보고 있으면 수수께끼의 미궁이 펼쳐지는 것 같아. 볼 때마다 새로운 것을 발견하게 되거든. 그런데 그게 다 무슨 뜻을 가지고 있는지는 도무지 모르겠어.

파라오의 무덤 | 파라오는 북아프리카에 있는 고대 왕국 이집트의 통치자 또는 왕을 가리키던 말입니다. 파라오의 무덤들은 호화롭게 치장된 아주 큰 방이었는데, 대체로 파라오가 죽으면 많은 금과 장신구를 같이 묻었습니다.

생명의 나무

생명의 나무는 뿌리를 대지에 박고, 가지는 하늘까지 뻗어 올렸어. 그리고 수많은 눈을 가지고 있지. 클림트 아저씨는 이집트 파라오의 무덤에서 나온 눈을 보고 깊은 영감을 받았나 봐. 동그랗게 말리면서 뻗어 나가는 생명의 나무의 가지들은 삶의 여정을 표현하고 있어. 삶은 언젠가 끝나게 마련이고, 붉은 눈의 매는 인간의 영혼을 다른 곳으로 데려가기 위해서 기다리고 있지. 백화가 만발한 꽃동산이 영혼들의 새로운 보금자리가 될 거야.

춤추는 무용수

검은 머리에 큼직한 비녀를 꽂고 팔찌를 치렁치렁 걸친 여자는 일본 무용수인 것 같아. 어쩌면 이 여인은 자기의 개량복 중 하나를 골라 입고 정원에 있는 나무 아래에서 춤추고 싶어 한 에밀리에 플뢰게일지도 몰라.

식탁에 편안하게 앉아서 맛난 디저트 케이크를 먹으면서 벽화를 바라보고 있으면 아마 물결치는 소리와 더불어 삼각형들이 두런거리는 소리가 들릴 거야.

장미 덤불

흰 장미꽃이 탐스럽게 피었어. 장미꽃은 투명한 유리를 녹여 붙여서 만들었어. 삼각 깃발처럼 늘어져 있는 건 장미나무의 잎사귀겠지. 클림트 아저씨는 이백 개 정도 되는 나뭇잎에 에나멜을 발랐는데, 나뭇잎마다 색깔을 조금씩 다르게 칠했어. 도자기로 만든 나비들도 색깔이 제각기 다르지. 중국에서는 나비가 부활을 상징한다고 해.

연인

연인들은 서로 껴안고 있어. 남자가 입은 옷에는 고양이 눈과 새와 물고기가 들어 있네. 고양이가 가장 좋아하는 메뉴로군.

물고기는 바다에 산다고 해서 생명의 상징이고, 새는 하늘과 땅을 잇는 전령이라고 하지. 아래쪽에 바둑판 같은 것이 보이는데, 이건 또 무슨 의미를 가지고 있을까? 다 같이 생각해 보면 좋을 것 같아.

기사

스토클레 별장의 식당 홀 중앙 벽면 정면에는 중세 시대의 기사가 서 있어. 기사가 어디에 있냐고? 맨 위에 흰색 사각형이 바로 기사의 얼굴이야. 까만색 수평선은 두 눈이고, 수직선은 코가 되겠지. 이쯤 되면 클림트 아저씨의 상상력이 어느 정도인지 짐작할 수 있을 거야.

기사의 발치에는 소용돌이 문양이 들어 있는 푸른 풀밭이 보이고, 그 아래로는 작은 삼각형들로 채워진 정사각형 모양의 만다라가 펼쳐져 있어. 만다라는 티베트 승려들이 정신을 수련할 때 사용하는 명상 도구라고 해.

만다라 | 본래는 '원'을 뜻합니다. 명상을 하면서 평온한 상태에 이르게 도와주는 도구이지만, 클림트의 그림에서는 화려하게 장식된 둥근 모양의 형상을 일컫기도 합니다.

희망 2

푸근하고 청명한 여름은 우리 마음을 상쾌하게 해 주는 것 같아. 클림트 아저씨도 무척 기분이 좋으신가 봐. 오늘은 가깝게 지내는 여자 친구를 불러서 저녁 식사를 하실 거래. 클림트 아저씨는 아름다운 여자들을 만나서 이야기를 나누고 또 그림으로 그리곤 하지. 가끔씩 다정하게 팔짱을 끼고 산책하는 것도 보았어.

클림트 아저씨는 결혼은 하지 않았지만, 아이는 있다고 해. 아이가 모두 몇 명인지는 아무도 몰라. 자그마치 열넷이나 된다는 소문도 있는데, 그건 뒷말 좋아하는 사람들 말이겠지.

어쨌거나 클림트 아저씨의 작품 가운데는 배가 불룩한 임신부를 모델로 그린 그림도 있어. 이 작품의 제목은 〈희망〉이야. 출산을 앞둔 설레는 마음을 나타낸 것 같아. 아기의 존재는 언제나 새로운 시작을 의미하니까. 클림트 아저씨는 똑같은 주제를 두 차례나 다루었어. 1903년에 그린 첫 번째 작품에서는 알몸의 임신부와 함께 죽음의 형상이 여자를 쳐다보고 있어. 아마 클림트 아저씨는 아들 오토가 이른 나이에 죽고 만 것을 그런 식으로 표현하셨나 봐. 그 밖에 인생의 여러 단계를 주제로 한 그림도 그리셨지. 앳된 어린 소녀가 싱그러운 처녀가 되고 뻔뻔한 아줌마를 거쳐서 마침내 쭈글쭈글한 할머니가 되는 그런 그림 말이야.

〈희망 2〉에서는 첫 번째 그린 〈희망〉과 달리 죽음의 형상이나 어둠을 상징하는 소재들이 거의 사라졌어. 그림 아래에 손을 모으고 기도하는 소녀들이 등장한 건 첫 번째 그림과 비슷한 점이야. 불룩한 배 위에 해골이 하나 놓여 있긴 하지만, 두려움을 자아내기보다 화려한 임부복과 잘 어울리는 단순한 장식처럼 보일 뿐이야. 뱃속에 든 아기의 아빠는 누구일까? 그건 영원히 알 수 없는 수수께끼야. 임신부가 걸치고 있는 헐렁한 옷이 어쩐지 스토클레 별장 벽화에 나오는 남자의 옷과 비슷해 보이는군.

가을이 오기 전에 아터 호수로 소풍을 갈 수 있을까? 살진 들쥐와 병아리와 새 들을 생각하니, 나도 모르게 입안에 군침이 도네. 쉿! 멀리서 발자국 소리가 들려. 클림트 아저씨가 아틀리에에 오시나 봐. 발자국 소리가 조심스러운 걸 보니 크림수프를 들고 오시는 거겠지. 클림트 아저씨는 오늘도 밤이 늦도록 그림을 그리실 거야. 붓을 들면 시간이 어디로 흘러가는지 도통 모르는 분이니까 말이야.

희망 2

1907~08년, 피셔 조형예술 갤러리, 런던

구스타프 클림트의 또 다른 작품들

유디트 1901년, 오스트리아 벨베데레 미술관, 빈

이 그림은 커다란 황금 액자를 두르고 있습니다. 황금빛 액자가 너무나 밝고 화려해서 그런지 그림은 오히려 어둡고 차갑게 보입니다.

그림의 주인공인 유디트는 이스라엘의 용감한 영웅이었다고 합니다. 젊고 아름다운 과부였던 유디트는 조국 이스라엘이 적군의 침략을 받자 혼자서 적군 장수에게 찾아갔습니다. 적군 장수인 홀로페르네스는 유디트의 아름다운 자태를 보는 순간 뜨거운 마음이 솟아올라 그녀에게 마음을 빼앗기고 말았습니다. 유디트는 홀로페르네스가 술에 취한 틈을 노려서 큰 칼로 적군 장수의 목을 쳤습니다. 아무리 용기 있는 사람이라도 감히 흉내 내기 어려운 일이지만, 벼랑 끝에 달린 조국의 위태로운 운명을 구해야 한다는 생각이 유디트의 결심을 굳게 만들었습니다.

유디트는 지금 적군 장수인 홀로페르네스의 머리를 들고 있습니다. 승리에 취한 유디트는 자랑스러운 표정입니다. 이것은 무섭고 끔찍한 그림입니다. 그러나 클림트는 차갑고 어두운 그림의 주제를 강조하기 위해서 밝고 화려한 황금빛 액자를 활용했습니다.

은빛 물고기들(물의 요정) 1901~02년, 오스트리아은행 미술 컬렉션, 빈

은빛 물고기는 물의 요정들입니다. 요정은 동화나 신화에 등장하는 작고 아름다우며 기괴한 존재들입니다. 우리를 돕기도 하고 훼방을 놓기도 하는 장난꾸러기들이지요. 예술가의 상상력은 눈에 보이지 않는 것도 쉽게 그려 냅니다. 물고기 인간, 새 인간, 말의 몸뚱이를 가진 괴물, 사자 발톱에 독수리 날개를 가진 괴물은 모두 예술가의 머리에서 나온 것입니다.

물속에 사는 요정들은 어떤 존재일까요? 물은 생명을 싹트게도 하고, 생명을 앗아 가기도 합니다. 물살에 몸을 맡긴 요정들은 물의 흐름처럼 유연하고 투명하게 보입니다.

요정의 검은 머리카락은 흔들리는 물풀처럼 생기가 가득합니다. 중력의 지배를 받지 않고 자유롭게 떠다니는가 하면, 공간과 시간의 장벽을 넘어서 우리들의 상상력에 자유를 줍니다. 클림트는 "예술에게 자유를!"이라는 말을 자주 하곤 했습니다. 형식으로부터의 자유, 표현에 얽매이지 않는 자유는 클림트가 가장 원한 것이었습니다.

물뱀 2 1904년, 개인 소장

뱀은 저주받은 동물입니다. 《성서》의 창세기에는 뱀이 에덴 동산에서 이브를 유혹한 일로 저주를 받게 되었다는 이야기가 실려 있습니다. 그래서 뱀은 빛을 무서워하고 어두운 땅속에서 무덤을 파헤치면서 산다고 합니다. 그러나 고대 문화에서는 뱀을 다르게 보기도 합니다. 허물을 벗고 다시 젊어진다고 해서 청춘과 영원한 삶의 상징으로 보거나, 두 개의 혀를 가지고 있다고 해서 지혜의 동물로 여기기도 했지요.

클림트는 뱀의 몸뚱이가 가지고 있는 부드러운 곡선과 매끄러운 아름다움에 깊이 매료되었다고 합니다. 뱀이 상징하는 차가운 욕망과 서늘한 관능은 19세기 말 빈의 예술가들을 사로잡은 중요한 주제이기도 했지요. 클림트는 이 그림에서 물뱀을 젊은 여자의 모습으로 나타냈습니다. 매혹적이면서 위험하고, 사랑스러우면서 치명적인 유혹의 올가미를 내미는 존재를 은유적으로 표현한 것이지요.

다나에 1907~08년, 개인 소장

다나에는 《그리스 신화》에 등장하는 주인공입니다. 아르고스의 공주님이었던 다나에는 어느 날 갑자기 철탑에 갇히고 맙니다. 다나에를 가둔 것은 바로 아르고스를 다스리던 국왕인 아버지였습니다. 다나에가 아기를 가지면 그 아기가 훗날 왕위를 빼앗게 된다는 예언을 듣고, 국왕이 다나에를 아무도 다가갈 수 없는 철탑에 가둔 것이지요.

그러나 다나에는 제우스의 사랑을 받고 아기를 갖게 됩니다. 그 아기가 바로 훗날 메두사를 처단하는 영웅 페르세우스입니다. 사랑하는 사람의 아기를 갖는 것은 세상에서 가장 행복한 일입니다. 제우스는 황금 빗물로 변신해서 다나에의 몸을 적십니다. 아르고스의 공주 다나에는 아기처럼 몸을 웅크린 채 두 눈을 감고 있습니다. 제우스와 사랑을 나누고 있다는 사실조차 의식하지 못하고 다만 행복에 젖어 있는 다나에는 마치 어머니의 뱃속에서 잠들어 있는 아기처럼 보입니다. 다나에의 붉은 머리와 벌어진 입술은 도발을 의미합니다. 한편, 동그랗게 웅크린 채 잠든 모습은 순수를 의미합니다. 클림트는 도발과 순수의 이중적인 의미가 빚어 내는 나른한 긴장을 통해서 소녀가 여성으로 성숙하는 순간을 표현했습니다.

카머 성 공원의 가로수길
1912년, 오스트리아 벨베데레 미술관, 빈

카머 성은 빈에서 멀지 않은 곳에 세워진 오래된 성입니다. 클림트는 여름철이 오면 카머 성에서 휴가를 보내곤 했습니다. 휴가를 가면서 그림 도구는 빼먹지 않고 꼭 챙겨 갔지요. 카머 성의 풍경은 아무도 방해하는 사람 없이 조용하고 평화로웠습니다. 이런 한결같은 풍경을 클림트는 무척 좋아했습니다. 클림트는 산책을 하다가 문득 멈춰 서서 풍경화를 그리곤 했습니다. 초상화를 그릴 때와는 달리 풍경화는 밑그림 없이 그린 것이지요. 그리고 풍경화를 그릴 때면 늘 가지고 다니던 정사각형 틀을 보조 기구로 사용했습니다. 나무로 만든 정사각형 틀은 바깥 풍경을 반듯하고 안정감 있게 정리해 주었습니다.

클림트는 정사각형 틀을 보조 기구로 사용하면 우주로부터 자연의 일부를 떼어 오는 데 도움이 된다고 믿었어요. 그러니까 카머 성 공원의 가로수 길을 그린 이 그림은 우주의 일부를 보여 주는 셈이지요.

인상파 화가들이 들었다면 깜짝 놀랄 일이지만, 클림트는 풍경에서 기후와 날씨, 햇살의 변덕스러운 작용은 중요하지 않다고 보았습니다. 클림트는 우주와 하나로 연결된, 살아 숨 쉬는 자연의 신비로운 모습을 그 자체로 보여 줄 수 있다면 그것만으로 충분하다고 생각했습니다.

처녀 1913년, 국립미술관, 프라하

클림트는 여자가 주인공으로 등장하는 초상화들을 지칠 줄 모르고 그렸습니다. 꼭 초상화가 아니더라도 클림트의 작품에는 여자의 몸을 빌린 우의화가 많이 나옵니다. 우의화는 추상 개념에 상상으로 살붙임을 해서 마치 사람처럼 보이게 재현하는 미술의 전통적인 주제 장르이지요.

이 그림은 처녀를 주제로 그린 그림입니다. 순결과 유혹, 욕망과 도취는 클림트가 활동했던 시기의 유럽에서 문학과 학문 분야를 통해 깊이 있게 다루어진 주제입니다. 예술가들도 남성을 유일한 가치로 보고, 여성은 남성을 그릇된 길로 빠뜨리거나 올바른 길로 인도하는 극단적인 존재로 단정하면서 여성에 대한 편향된 시각을 드러내곤 했습니다. 하지만 클림트는 여성을 생명을 잉태하고 양육하는 위대한 존재로 보았습니다.

이 그림에서는 여러 명의 여성들이 서로 엉킨 채 알 수 없는 공간을 떠다니고 있습니다. 밝고 화려한 옷과 젊은 육체가 뒤섞여 하나가 됩니다. 그리고 한 척의 돛단배처럼 어둠의 강을 떠내려갑니다. 삶의 향기에 도취한 듯 눈을 감고 있는 이들의 표정은 아직 피어나지 못한 성숙과 눈뜨지 못한 관능에 대한 설렘을 나타내고 있는 게 아닐까요?

죽음과 삶 1916년, 레오폴드 박물관, 빈

죽음과 삶은 떼려야 뗄 수 없는 관계라고 합니다. 사람은 태어나는 순간부터 죽음의 위협과 마주하기 때문이지요. 죽음은 다가올 미래의 우리 자신의 모습이기도 합니다. 죽음에 대한 두려움은 삶의 소중함을 깨우쳐 주기도 합니다.

클림트는 죽음을 해골의 모습으로 그렸습니다. 뼈만 남은 해골이 마치 살아 있는 것처럼 일어나서 옷을 입고 사람들을 쳐다본다는 것은 무시무시한 상상입니다. 죽음 앞에서 삶이란 무력하기 짝이 없습니다. 그러나 삶의 가치조차 아무런 의미가 없는 것은 아니지요. 클림트는 죽음과 삶을 그림 양쪽에 나란히 세워 두었습니다. 여기에서 어른과 아이 들은 서로 꼭 끌어안고 외부로부터 자신을 보호합니다. 서로 격려하고 의지하면서 단단히 뭉쳐 있습니다. 그리고 고개를 숙이고 눈을 감은 채 죽음의 시선을 견뎌 냅니다. 클림트는 "진정한 삶의 가치란 이런 것이다."라고 그림을 통해서 우리에게 설명하고 있는 것 같습니다. 이런 그림을 우리는 '교훈 그림'이라고 부릅니다. '붓으로 그린 설교'라는 뜻이지요.

아담과 이브(미완성) 1917년, 오스트리아 벨베데레 미술관, 빈

아담과 이브는 처음에 부끄러움을 몰랐다고 합니다. 그러나 뱀의 유혹을 받고 선악과를 먹은 다음에 옷을 걸치게 되었다고 하지요. 클림트의 그림에서 아담은 아직 잠들어 있습니다. 한편, 이브는 눈을 뜨고 정면을 바라보고 있습니다. 아무것도 걸치지 않은 것으로 보아서, 두 사람은 아직 선악과를 먹지 않은 것 같습니다. 이브의 손에는 사과가 들려 있을까요? 안타깝게도 그림이 미완성이라서 정확한 사실은 알 수 없습니다. 그러나 사과를 쥐고 있음직한 이브의 왼손과 오른손이 미완성으로 남아 있는 것을 보면, 클림트가 빨간 사과를 그려 넣으려고 일부러 남겨 두지 않았을까 하는 추측을 할 수 있습니다.

그렇다면 그림 앞에 서 있는 우리는 이브를 유혹하기 위해서 사과를 내민 뱀과 똑같은 역할을 맡게 됩니다. 이브는 유혹 앞에서 당당하고 거리낌이 없습니다. 유혹은 타락으로 이어지고, 아담과 이브는 낙원에서 추방되겠지요. 그러나 이브의 표정에는 원죄에 대한 어두운 예감이 전혀 보이지 않습니다. 이런 자신감은 인류의 어머니가 될 이브에게 매우 잘 어울립니다.

아기 1917년, 내셔널 갤러리, 워싱턴

클림트가 그린 〈아기〉는 아주 독특한 작품입니다. 미술 역사에서 아기는 대개 어머니와 함께 또는 가족 구성원과 함께 그려진 소재였습니다. 사랑의 신 아모르나 강보에 싸인 아기 예수를 따로 그리는 경우는 있었지만, 성서나 신화의 주인공도 아닌 평범한 아기의 초상을 이처럼 독립적으로 다룬 것은 거의 찾아보기 드문 일입니다.

클림트는 이불을 덮고 방금 잠에서 깬 듯 옹알이를 하는 아기를 그렸습니다. 형형색색의 이불보는 아기의 모습을 거의 덮고 있습니다. 이불의 발치에서 올려다보면서 그렸기 때문에 이불은 마치 피라미드처럼 뾰족하게 솟아 있는 것처럼 보입니다. 그리고 그 꼭대기에 아기의 머리가 삐죽 나와 있습니다.

이 그림은 과거와 미래를 동시에 보여 줍니다. 그림의 주인공인 아기에게는 미래가 남아 있지만, 우리에게 그 시절은 다시 돌아갈 수 없는 과거일 뿐이지요. 클림트는 인간이 잉태, 출산, 탄생, 질병, 노화, 죽음의 순환 고리에서 벗어날 수 없다고 생각했습니다. 삶에 시작과 끝이 존재한다면 아기의 존재는 삶의 신비를 알리는 첫 모습입니다. 클림트가 그린 많은 그림들은 이처럼 삶과 죽음에 대한 깊은 철학적 성찰에서 나왔습니다.

요한나 슈타우데의 초상 1917년, 오스트리아 벨베데레 미술관, 빈

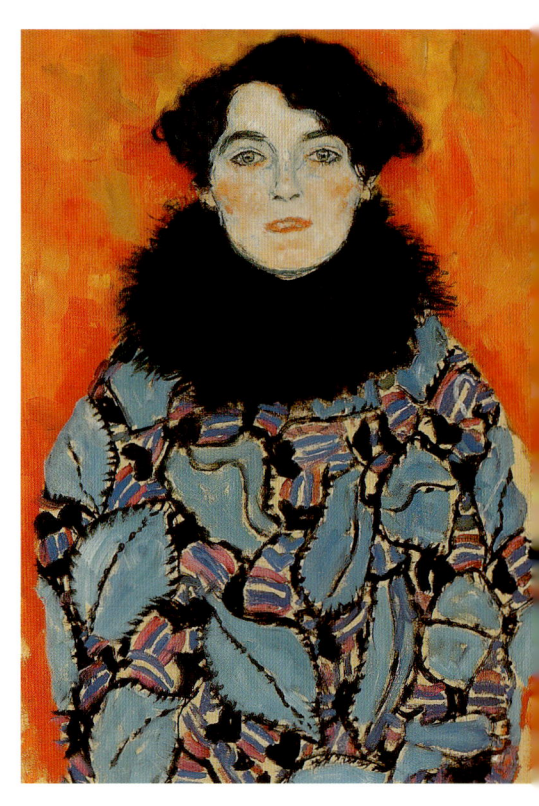

클림트는 결코 순탄하지 않은 삶을 살았습니다. 그의 재능을 이해하지 못하는 사회적인 편견과 충돌하기 일쑤였습니다. 하지만 이때 빈의 상류층 인사들이 클림트의 미술을 이해하고 후원하기 시작했습니다. 클림트에게는 하늘에서 든든한 동아줄이 내려온 것이나 다름없었지요.

〈요한나 슈타우데의 초상〉도 클림트를 후원했던 빈의 상류층이 주문한 초상입니다. 겉보기에 화려하지만 실제로는 텅 빈 상류층 사회의 삶의 모습을 클림트는 화려하면서 평면적인 특유의 필체로 그려 냈습니다. 요한나 슈타우데 부인은 턱을 내밀고 정면을 응시하는 도도한 표정입니다. 무표정한 얼굴과는 달리 요한나 슈타우데 부인이 걸치고 있는 옷과 목도리는 풍부한 색감과 질감을 드러내 보입니다. 클림트는 초상화를 그릴 때 알몸을 먼저 그리고, 그 다음에 옷을 입히는 방식을 사용하곤 했습니다. 이런 사례는 클림트가 그린 다른 초상화의 밑그림들을 통해서 잘 알려져 있지요. 클림트는 의상을 몸을 감추는 동시에 존재의 내면을 암시하는 수단으로 사용했습니다.

구스타프 클림트의 생애

1862 - 1918

1862년 빈 인근의 바움가르텐에서 태어났습니다. 아버지는 주화 조각가 에른스트 클림트로, 집안 형편이 넉넉하지는 않았습니다. 여섯 살에 초등학교에 입학했습니다.

1876년 남동생 에른스트, 친구 프란츠 마취와 함께 빈 공예학교에 입학했습니다.

1883년 공예학교를 졸업한 뒤에 친구들과 예술 공동체를 결성했습니다. 클림트는 아틀리에를 운영합니다.

1890년 옛 부르크 극장의 객석 벽화 장식을 성공적으로 마무리하면서 황제가 하사하는 상과 금화 400두카텐을 수상했습니다. 오스트리아 예술가 조합에 회원으로 가입했습니다.

1897년 오스트리아 예술가 조합에서 탈퇴하고 빈 분리파를 창설했습니다.

1900년 아터 호수를 처음으로 방문했습니다. 이후 클림트는 에밀리에 플뢰게와 함께 이곳에서 여름휴가를 보냅니다.
〈철학〉을 파리에서 열린 만국박람회에 출품해 금메달을 수상합니다.
클림트는 이 그림으로 빈 대학의 대형 축제홀을 장식할 예정이었으나 빈 대학 교수진에 의해 거부당합니다.

1902년 분리파 전시회에서 베토벤 전시를 개최했습니다.
〈에밀리에 플뢰게의 초상〉을 그리고 〈베토벤 프리즈〉의 초안을 잡습니다.

1903년 중세 시대 모자이크 미술을 연구하기 위해 이탈리아의 라벤나 시를 방문했습니다.

1904년 스토클레 별장 벽화의 주문을 수락했습니다.

1905년 빈 분리파에서 탈퇴했습니다.

1908년 〈입맞춤〉을 비롯한 그림 16점이 출품된 대규모 전시회가 열렸습니다.
그 후 베네치아, 프라하, 로마, 드레스덴, 부다페스트, 뮌헨, 만하임 등지에서도 전시회가 열렸습니다.

1917년 뮌헨과 빈의 조형예술 아카데미에 명예 회원으로 임명되었습니다.

1918년 뇌질환에 따른 발작 증세로 세상을 떠났습니다. 히칭어 공동묘지에 영원히 잠들었습니다.

세계의 명화와 만나는 감동
어린이를 위한 예술가 시리즈

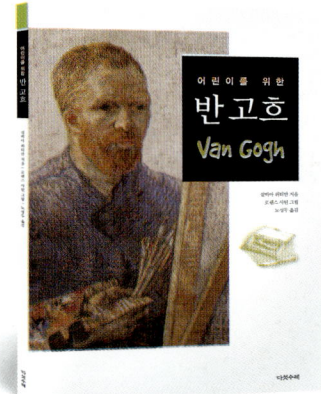

2 어린이를 위한 반 고흐
실비아 뤼티만 지음 | 로렌스 사틴 그림 | 노성두 옮김

그림을 향한 열정 하나만으로 서른일곱의 생을 살다 간 고흐의 예술 세계를 동생 테오의 기억에 비추어 되짚어 봅니다. 원화에 가깝게 재현한 26점의 작품과 노성두 선생님의 감칠맛 나는 번역, 본문에서 미처 소개하지 못한 또 다른 걸작은 고흐에게 다가가는 의미 있는 걸음이 될 것입니다.

3 어린이를 위한 모네
루돌프 헤르푸르트너 지음 | 로렌스 사틴 그림 | 노성두 옮김

모네가 직접 가꾼 지베르니 정원에 사는 요정들이 모네의 작품 세계로 안내합니다. 그림이 탄생하게 된 배경과 작업 방식, 재미있는 일화까지 담겨 있어, 지루하지 않게 모네의 작품을 감상하고 그 의미를 이해할 수 있습니다. 또한 모네가 평생 추구했던 색과 빛의 조화가 어떻게 결실을 맺었는지 확인할 수 있습니다.

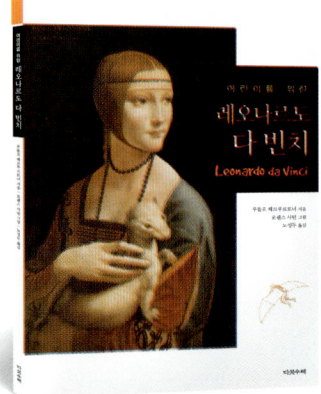

4 어린이를 위한 레오나르도 다 빈치
루돌프 헤르푸르트너 지음 | 로렌스 사틴 그림 | 노성두 옮김

세계 최고의 작품 〈최후의 만찬〉, 〈모나리자〉 같은 명화와 창의력과 상상력이 돋보이는 기계 장치를 감상하다 보면, 창조의 분야를 넘나드는 다 빈치의 천재성에 놀라게 될 것입니다. 날카로운 과학자의 눈과 열정적인 예술가의 눈으로 르네상스를 이끈 그의 그림을 보면서 예술과 학문이 꽃피던 르네상스 시대로 시간 여행을 떠나 보세요.

5 어린이를 위한 세잔 (근간)
실비아 뤼티만 지음 | 로렌스 사틴 그림 | 노성두 옮김

색채를 통해 빛과 형태를 새롭게 해석한 세잔의 예술 세계를 되짚어 봅니다. 세잔은 피카소를 비롯한 입체파에 영향을 주어 '현대 미술의 아버지'라고 불리지만, 살아생전에는 제대로 평가받지 못하고 불우한 삶을 살았습니다. 세잔의 작품에 담긴 예술성과 열정이 이웃 소녀 마리의 이야기로 되살아납니다.

GUSTAV KLIMT   GUSTAV KLIMT   GUSTAV KLIMT   GUSTAV KLIMT